盲導犬はお店の位置や道順を知っているわけではありません。
では、どのように助けているのでしょうか。

この本では、視覚障害者がどのように
盲導犬からの情報を受けとり、
どんなふうに歩いているのかについて説明します。

多くの人の目は、盲導犬という「犬」に集まりがち。
でも、視覚障害者という「人」あってこその盲導犬です。

盲導犬が集中して歩いているときは、見守ってください。
犬のとなりにいる人がこまっているようなら
「なにかお手伝いしましょうか」と声をかけてみてください。
多くの人が助けを待っています。

# 盲導犬大百科 １

盲導犬(もうどうけん)ってどんな犬?

監修
公益財団法人日本盲導犬協会

ポプラ社

# 盲導犬の基本スタイル

**首輪**

盲導犬は、基本としては人の左側を歩く

犬種はラブラドール・レトリーバーが多い

盲導犬はペットではありません。
目の見えない人・見えにくい人が、安全に歩くための手伝いをする、特別な訓練を受けた犬です。
「ハーネス」という道具をつけ、法律で決められた表示を見えるところにつけています。
盲導犬といっしょに歩く人を、盲導犬ユーザーといいます。

### リード
首輪につながるひも、引きづな

### ハーネスバッグ
盲導犬であることを示す表示をつけたバッグ。**盲導犬使用者証**や**身体障害者補助犬健康管理手帳**を入れている。盲導犬の足をふくタオルや排泄のための用具など、入れるものはユーザーによっていろいろ

### ハーネス
盲導犬とユーザーをつなぐ道具。
ユーザーは、ハーネスを通じて盲導犬の動きを知ることができる。
基本としては左手で持つ

**バーハンドルのついたハーネス**
片手でグリップを回すとハンドルをのばすことができるので、人の身長や犬の体高にあわすことができる

**U字型ハンドルのついたハーネス**
長く使われてきた形のハーネス

# 見えにくいってどんな感じ？

目の見えない人・見えにくい人を視覚障害者といいます。
日本には、身体障害者手帳を持っている視覚障害者が、約27万人います。[※1]
しかし、実際に見えない・見えにくい人の数は164万人ともされています。[※2]
75人にひとり、学校の2クラスにひとりぐらい、視覚障害者がいるのです。
視覚障害にはさまざまな見え方があり、ひとりずつちがっています。

視覚障害がなければ、このように見える交差点も……

**見え方1**

メガネやコンタクトレンズを使っても全体がぼやけて見える

**見え方2**

見ているところのまんなかが、暗くなったりゆがんだりする。見たいところがいちばん見えづらい

**見え方3**

穴からのぞいているような大きさでしか見えないので、まわりが見えず、移動するのが難しい

※1 厚生労働省調べ 2022年12月1日調査　※2 2009年発表 日本眼科医会調査

## 視覚障害者がどこかへ行きたいとき、おもに3つの方法があります。

**人と歩く**

サポートしてくれる人といっしょにでかけます。資格のある人がいっしょに歩く「同行援護」などの福祉サービスもあります。

**白杖を使う**

段差や障害物を見つけたり、道の情報を集め、安全を確認しながら歩きます。視覚障害があることをまわりに知らせる役割もあります。

**盲導犬と歩く**

段差、曲がり角、障害物を盲導犬が教えてくれるので、安全に歩くことができます。

### 見え方4

全体が白く光り、まぶしくて見えない（見えにくい）

### 見え方5

見えるはんいがせまくなったり、画像の一部（青い車）が消えてしまうこともある

# もくじ

盲導犬の基本スタイル ............................................................ 2

見えにくいってどんな感じ? ........................................................ 4

## 第1章 盲導犬がしてくれること

**1** 曲がり角で止まる ............................................................ 8

**2**-1 段差で止まる のぼりの段差 ................................................ 9

**2**-2 段差で止まる くだりの段差 ................................................ 10

**2**-3 段差で止まる 車道への段差 ................................................ 11

**3** 障害物をよける ............................................................ 12

**4** 道のはしをまっすぐ歩くのを助ける ........................................ 13

**5** 指示された目標物をさがす ................................................ 14

まんが 盲導犬とおでかけします! ................................................ 15

盲導犬に出会ったら ............................................................ 22

## 第2章 盲導犬への道

STEP**1** 生まれる ................................................................ 24

STEP**2** パピーウォーカーへ ...................................................... 27

STEP**3** 訓練センターへ .......................................................... 30

コラム 毎日、犬と歩いています ................................................ 33

STEP**4** 共同訓練 ................................................................ 34

まんが いっしょに歩こう! ...................................................... 35

コラム 共同訓練で教えているのは、どんな人? ................................ 40

STEP**5** 盲導犬として認定! ...................................................... 41

生まれた犬はどうなった? ........................................................ 42

もう少し知りたい人のために ...................................................... 44

全巻共通さくいん ................................................................ 46

**この本の使い方**
- 青い文字で書かれている言葉のくわしい説明が44~45ページにあります
- ▶1巻8~14ページ は、1巻の8ページから14ページに関連する内容があることを示しています

第1章

# 盲導犬がしてくれること

**盲導犬は道案内をするわけではありません。
でも、視覚障害者が、行きたいときに行きたい場所へでかけられるよう、
安全に歩くための手伝いをします。
どんなことをどんなふうに助けてくれるのでしょう。**

**盲導犬がしてくれること 1**

# 曲がり角で止まる

盲導犬は角を見つけたらゆっくりと左にそって歩き、曲がる方向へななめ向きで止まります。
ユーザーは曲がり角を確認したら、まっすぐ行く「ストレート ゴー」、左へ曲がる「レフト ゴー」など、次の指示を盲導犬に伝えます。

▶ 3巻15ページ

## 盲導犬がしてくれること 2-1

# 段差で止まる
## のぼりの段差

> ハーネスが持ちあがって止まったわ。この高さなら階段かな。グッド！階段をのぼろう、「ストレート ゴー」

> あ、のぼりの段差だよ。前足を1段めに置いて止まるから、足もとを確認してね

のぼりの段差では、盲導犬は1段めの段差のはしに前足を置いて止まります。
ユーザーも1段めの段差に足をかけ、確認したことを盲導犬に伝え、次の動作の指示をだします。

## 盲導犬がしてくれること 2-2

# 段差で止まる
## くだりの段差

> ここは、おりる段差だ。手前で止まるから確認してね

> 前を向いたまま犬が止まった。くだりの階段があるんだね。グッド！自分の足で確認しよう

くだりの段差では、ユーザーが安全を確認できるよう、盲導犬は段差の手前で止まります。

犬が止まるとユーザーは右足を前にのばし、足裏で足もとをさぐります。確認したら「グッド」とほめてから、次の動作の指示をします。

## 盲導犬がしてくれること 2-3

# 段差で止まる
## 車道への段差

🐕 低い段差があるよ。手前で止まるから、気をつけてね

👩 この段差は低いようね。歩道から車道にでるところかな。グッド！まわりのようすを確認するね

🐕 ほめてくれると、とってもうれしい！しっぽが動いちゃう！

横断歩道など、歩道から車道にでる段差は危険な場所。
ユーザーは、盲導犬がなぜ止まったのかを考え、
まわりの音なども聞き、段差の意味を判断します。
段差の手前で止まり、きちんと教えてくれたときは「グッド」とほめます。

盲導犬が してくれること

# 3 障害物をよける

盲導犬は、自分とユーザーが並んで通れるスペースを理解しています。そのまま歩くとなにかにぶつかりそうなときは、いったん止まったり、スピードを落として安全な通り道を選びます。
障害物をよけたあとは、また、道の左はしにもどります。

## 盲導犬がしてくれること 4
# 道のはしをまっすぐ歩くのを助ける

道の左はしにそって、どんどん歩くよ

見えないとまっすぐ歩くのって難しい。盲導犬といっしょに歩くと、左側をささえてくれる感じがするから安心

盲導犬は、道の左はしにそって歩くように訓練されています。

目の見えない人、見えにくい人は、まっすぐ歩いているつもりでも曲がってしまい、自分のいるところを見失うことが少なくありません。

盲導犬がいっしょだと、道にそって歩くことができます。

## 盲導犬がしてくれること 5
# 指示された目標物をさがす

グッド！
ドアはここにあるよ。さわってみて！

グッド！
ここは、あいているよ。すわることができるよ！

盲導犬は、入口や出口となるドアの位置や、いすを教えることができます。
「ドア」と指示すると、盲導犬はドアに顔をあてます。
「チェア」と指示すると、座席を見つけ、顔を乗せて合図。
ユーザーは、盲導犬の顔（鼻）の位置からドアやあいた座席をさぐりあてます。
いすにすわったら、犬はユーザーの足もとにふせます。

## まんが 盲導犬とおでかけします！

キョウコさんは、視覚障害者です。右目はほぼ見えません。左目は少し見えます。
盲導犬カナロアと出会って3年。今日もいっしょにでかけます。

第 2 章

# 盲導犬への道

盲導犬はどこで生まれるのでしょう。
どんなふうに育てられ、訓練されて盲導犬になるのでしょうか。

## STEP 1 生まれる

妊娠してから約2か月で出産。多いときは10頭近く生まれることもある

盲導犬候補の犬は、「繁殖犬」と呼ばれる親犬から生まれます。親犬は、ふだんは繁殖犬飼育ボランティアのところですごしています。
生まれた子犬は、生後2か月になるまで、母犬のそばで兄弟姉妹といっしょにすごします。

生まれて1週間ほどたった。まだ、目が開いていない。体重は500グラムほど

# 子犬の成長

生後14日ごろ

目が開く。ぼんやりとしか見えていない。足はまだ立たない

生後25日ごろ

足がしっかりして、音が聞こえるようになってきた。歯は生後20日ごろからはえはじめる

生後28日ごろ

ミルクをあたえはじめる。その後、ふやかしたドッグフード、ふやかさないドッグフードと食べものを変え、生後35日をすぎるとミルクをやめる

生後40日ごろ

歯がはえ、おもちゃで遊ぶようになってきた。活発に走る

## キアラがママになる！

繁殖犬飼育ボランティア
**佐野寧**さん　**富子**さん

繁殖犬キアラとくらして5年。これまでに3回、キアラの出産を見守ってきました。はじめてキアラが出産した6頭の子犬を見たときは思わず涙がでてしまい、育児をがんばるキアラに「ありがとう」と声をかけたそうです。

繁殖犬は、健康や体重の管理がたいせつと考える佐野さん。キアラは少し太りやすいので、朝夕90分ほどの散歩は欠かせません。また、夏はカヌー、冬はトレッキングなどをいっしょに楽しんでいます。

# STEP 2 パピーウォーカーへ

生後2か月になった子犬は、1頭ずつパピーウォーカーと呼ばれるボランティアの家庭にあずけられます。そして、1歳になるまでの約10か月間、家族の一員として愛情につつまれて育ちます。
人とくらすのは、人と生活する喜びを経験し、親しみと信頼感をきずくため。いろいろな場所にいっしょにでかけ、社会と家庭でのルールを学びます。

# 子犬のしつけ

子犬のときにたいせつなのは、犬が人を好きになること。
たくさんほめて、人との信頼関係をつくれるように育てます。
また、この時期にいろいろな経験をさせて、人とのくらしに慣れさせます。
家のなかや外でのマナー、ルールを教えるのもパピーウォーカーの役割です。

### 家のなかでの経験

そうじ機をかける

おもちゃで遊ぶ

ペットシーツの上で
おしっこやうんちをさせる

### 外での経験

ふみきりで電車を見る

車に乗る

海や川へ遊びに行く

### パピーレクチャー

パピーレクチャーとは、1か月に1回行われるパピーウォーカーのための勉強会です。盲導犬協会の人から、子犬とのかかわり方、しつけや体調の整え方を教えてもらったり、犬のことを相談したりできます。子犬とのかかわり方は、実際に教えてもらうとよくわかります。

おもちゃで子犬の関心をひき、人との遊び方を教えているところ

## キャンプに行きたい！

パピーウォーカー
**櫻井和広**さん　**明子**さん　**侑和**さん
**琴子**さん

2頭めを飼育中の櫻井さん。コロナ禍で近所の人が犬を飼いはじめたのを見て、せっかく飼うなら人の役にたちたいと考えたそうです。今はラブラドール・レトリーバーのメス、モナカの成長を見守っています。犬のワクチン接種が終わるまでは道路を歩くことができないため、スリングに入れてふたりがかりでだっこ散歩をしていたとか。どこでも排泄ができるようになれば遠出ができるので、みんなでキャンプに行き、いっしょに泊まりたいと話してくれました。

## STEP 3 訓練センターへ

1歳をすぎると、パピーウォーカーの家をはなれ、全頭、訓練センターへ。
犬の個性と状態にあわせて、1頭ごとの訓練メニューがつくられます。
いよいよ盲導犬になるための本格的な訓練がはじまります。

### 基本訓練

人とのコミュニケーションのとり方を教える訓練です。
指示したことができたら「グッド」とほめて、犬が楽しく学べるように
遊びながら教えます。

# 誘導訓練

実際に街にでて、電車やバスの乗りおり、交差点やふみきりの横断、人ごみのなかを歩くなど、ユーザーとの生活で必要なことを教えていきます。

1段めに足をかけ、段差を教える訓練。犬はほめられてうれしそう

ハーネスバッグの表示は「訓練中」

高いところにある障害物をよける訓練

バスの乗りおりの訓練は車両を借りて行うことも

# 盲導犬になるには

訓練が進んだら、盲導犬訓練士はアイマスクをつけて
見えない状態をつくり、
犬がどれぐらい学習したか、実際に街を歩いて確認します。
うしろにいる多くの訓練士たちは、犬のようすを観察しながら歩きます。
アイマスクをつけた人のそばには、犬といっしょに歩く人の安全を
まもる人がいます。

# 毎日、犬と歩いています

**盲導犬訓練士が犬の訓練を行うとき、持ち歩くものを紹介します。**

### ❶ ロングリード、ショートリード、首輪
犬を訓練するときの必需品。訓練する内容や目的によって使うリードの長さが変わります

### ❷ 排泄用のベルトと袋
排泄をうながすときに犬のからだにつけるもの

### ❸ 水
まんがいち、犬が歩行中に排泄をしてしまったときにそなえて持ち歩いています

### ❹ アイマスク
訓練士はアイマスクで目をかくして訓練することもあります。犬がどこまで学習しているか確認したり、盲導犬を使う視覚障害者はどのように歩いているのかを知ることにもつながります

### ❺ ぼうし
アイマスクをして歩くとき、木のえだなどから頭を守るためや、紫外線対策としてかぶります

### ❻ 水とう、日焼けどめ、軍手
訓練士にとっての必需品です

### ❼ 水飲み食器
犬の水分補給も必ず行います

### ❽ ハーネス
街にでて、誘導訓練をするときに使います

### ❾ 扇風機
夏場は扇風機と車のエアコンを使用して、車のなかが暑くならず、いつも風が通るようくふうしています

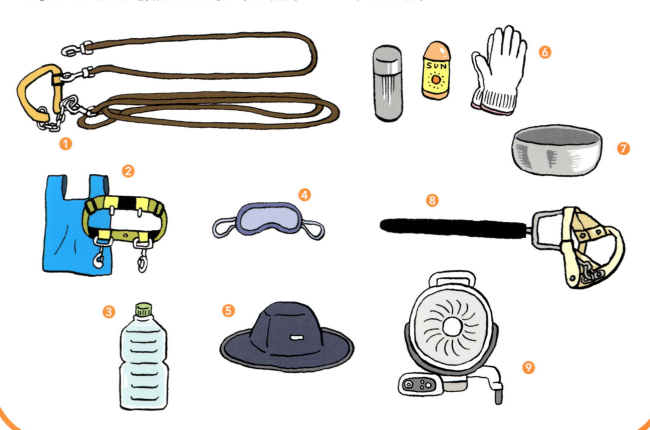

# STEP 4 共同訓練

いよいよユーザーと盲導犬が出会い、実際に歩く共同訓練です。
いっしょに道を歩く、交差点をわたる、電車に乗る、店に入るなど
いろんな場面を思いえがきながら歩き方を練習します。
また、犬の世話や、盲導犬にかかわる法律なども学びます。
盲導犬と歩くのがはじめてのユーザーの場合は、訓練期間は4週間ほど。
ユーザーと盲導犬が気持ちをあわせていくとてもたいせつな期間です。

# まんが いっしょに歩こう！

盲導犬と歩きたい！と思っても、すぐに自分の盲導犬がやってくるわけではありません。
また、希望にあふれて盲導犬と出会っても、はじめからうまく歩けるわけではありません。
キョウコさんも、最初はいろいろありました……。

そうしてしばらくしたら（半年から1年）、盲導犬を家にむかえるための準備をしていきましょうという連絡があった

それから家のなかをかたづけたり……

う〜〜ん

いらない

仕事場にも連絡をしたな

盲導犬訓練士さんはうちに来てくれて「環境確認」というのもしてくれた

こうして少しずつ心の準備ができたのは、よかったなって思う

そのあとは電話でいろいろなことを話したなあ

歩くスピードはゆっくりで

待つのが得意な犬がいい……

訓練士さんコメント

「いろんなところに行きたい」という希望と、犬はキョウコさんの仕事場で長時間待つことになるので「待つのが得意」「環境の変化に動じない」犬を選びました

# 共同訓練で教えているのは、どんな人？

人と犬との共同訓練で、歩き方を教えるのは「盲導犬歩行指導員」です。

## 盲導犬歩行指導員

盲導犬歩行指導員は、盲導犬を訓練するとともに、人に犬との歩き方を教えます。

共同訓練の前半は訓練センターでの合宿。共同訓練の後半に行われるユーザーの自宅近くでの訓練では、よく行く場所への道順や危険な場所のチェックもします。

歩行指導員には、犬だけでなく人とコミュニケーションする力と、人や犬の変化を見のがさない注意深さが必要です。盲導犬訓練士になったあと、歩行指導員の試験に合格するまでに2〜3年かかることが多いようです。

## 盲導犬訓練士

盲導犬訓練士は、盲導犬を訓練するのが仕事ですが、なによりも視覚障害者のための仕事なんだという意識がたいせつです。

盲導犬の訓練は、決まったことを教えるのではなく、犬の性格や学習のようすにあわせて内容を変えています。犬の個性を知るためには、観察することがとてもたいせつ。たとえば、こわがりだったり慎重な性格の犬は、環境に慣れるまで待ってじっくり教えます。好奇心の強い犬なら、場所を変えながら犬の興味をひくようにくふうして訓練します。

試験に合格して盲導犬訓練士の資格をとるには、約3年かかります。犬の個性を知り、それにあった訓練ができるようになるには、時間と経験が必要です。

### ある盲導犬訓練士の1日

| 時間 | 内容 |
|---|---|
| 9:00 | 出勤 |
| | うんちやおしっこなど、犬の世話 |
| 10:00〜12:00 | 犬の訓練 |
| 12:00〜13:00 | お昼休み |
| 13:00 | うんちやおしっこなど、犬の世話 |
| 14:00〜16:30 | 犬の訓練 |
| 16:30 | うんちやおしっこ、ブラッシングなど、犬の世話 |
| 17:00 | 事務的な仕事 |
| 18:00 | 仕事終わり |

# STEP 5 盲導犬として認定！

生まれて約2年、共同訓練を修了した犬は盲導犬として認められ、
人と犬のペア、ユニットとしての証をもらいます。
盲導犬を持った多くの視覚障害者はいいます。
「行きたいときに行きたいところへ行けると思うだけで、希望がわいた」
毎日の買いもの、外出へ。
盲導犬は、視覚障害者の歩行を助けています。

# 生まれた犬はどうなった？

盲導犬候補として生まれた犬たちはどうなったのでしょう。あるきょうだいの例を見てみましょう。

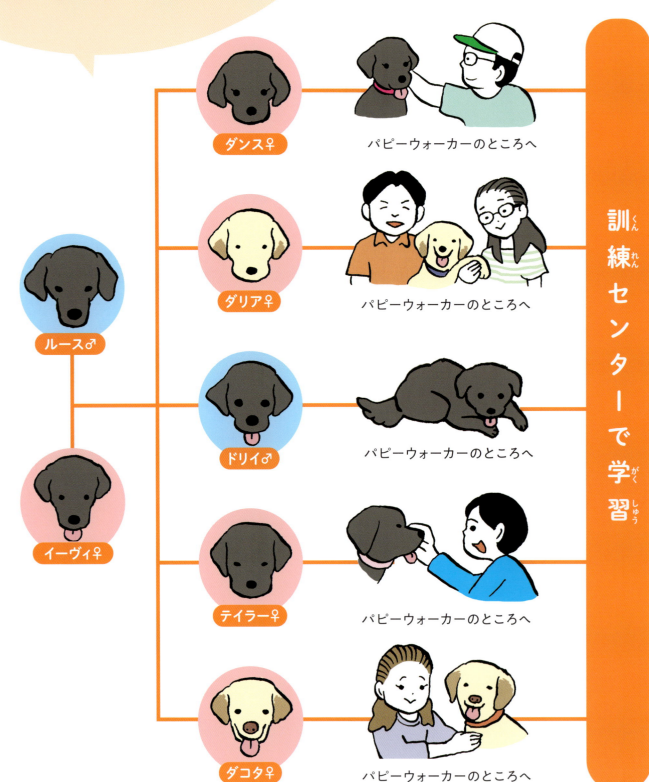

ダンス、繁殖犬になる

引退
引退犬飼育
ボランティアの家へ

ダリア、盲導犬になる

引退
引退犬飼育
ボランティアの家へ

ドリイ、新しい家庭で飼われる

テイラー、新しい家庭で飼われる

ダコタ、PR犬になる
▶3巻13ページ、45ページ

引退
新しい家庭で飼われる

## もう少し知りたい人のために

### ●表示　▶3ページ

認定番号・認定年月日・犬種・認定をした団体名・連絡先などが明記してある表示。外から見てわかるところにつけなければなりません。

表

裏

### ●盲導犬使用者証　▶3ページ

全国に11ある盲導犬育成団体が認定し、発行する証明書。ユーザー（使用者）と犬が盲導犬ユニットとして認定を受けたという証明書です。
ユーザーが施設などを利用するときには、盲導犬使用者証と身体障害者補助犬健康管理手帳

を持ち歩き、もとめられたときは、提示しなくてはなりません。
裏には盲導犬にかかわる法律についての説明があります。

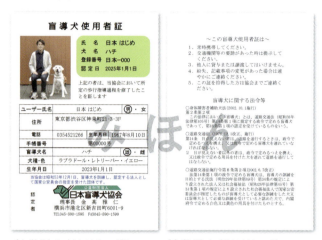

盲導犬使用者証　表　　盲導犬使用者証　裏

### ●身体障害者補助犬健康管理手帳　▶3ページ

盲導犬使用者証とともに、盲導犬と行動するときにユーザーが持ち歩かなければならない書類。盲導犬の衛生や健康管理に関する記録です。犬を清潔に保ち、ほかの人に不快感をあたえないこと、必要な予防接種がされていることなどを記録し、証明書として用います。

身体障害者補助犬健康管理手帳

## ● 身体障害者手帳　　▶4ページ

身体障害者福祉法に定める身体上の障害がある人に対して交付されます。身体障害者手帳を持つと、いろいろな福祉サービスを受けることができます。

## ● 同行援護　　▶5ページ

視覚障害者の外出に同行し、移動に必要な情報を伝えたり、移動を助けたりすることです。外出先での情報提供や代読・代筆などもします。
視覚障害の身体障害者手帳を持っていれば、住んでいるところの役所で相談し、利用することができます。

## ● 白杖　　▶5ページ

視覚障害者安全杖と呼ばれます。ふつうはその色から白杖と呼ばれています。白杖の役割は
① 視覚障害があることをまわりに知らせる
② 道など歩いているところの情報を集める
③ 障害物を見つける（知る）
ことです。
道路交通法では、「視覚障害者がひとりで道路を歩くときは、白杖を持ち歩くか、白または黄色いハーネスをつけた盲導犬をともなわなければならない」としています。視覚障害の身体障害者手帳を持っていれば、白杖を購入するとき、補助を受けることができます。

## ● 訓練センター　　▶30ページ

盲導犬を育てる団体は日本全国に11あります（下の表参照）。それぞれが盲導犬の育成・訓練を行う訓練センターを持っています。

## 全国の盲導犬育成団体

| 団体名 | 住所 | 連絡先 |
|---|---|---|
| （公益財団法人）北海道盲導犬協会 | 〒005-0030 北海道札幌市南区南30条西8丁目1-1 | ☎ 011-582-8222 / FAX011-582-7715 |
| （公益財団法人）東日本盲導犬協会 | 〒321-0342 栃木県宇都宮市福岡町1285番地 | ☎ 028-652-3883 / FAX028-652-1417 |
| （公益財団法人）アイメイト協会 | 〒177-0051 東京都練馬区関町北5丁目8番7号 | ☎ 03-3920-6162 |
| （公益財団法人）日本盲導犬協会 | 〒223-0056 神奈川県横浜市港北区新吉田町6001-9 | ☎ 045-590-1595 / FAX045-590-1599 |
| （社会福祉法人）中部盲導犬協会 | 〒455-0066 愛知県名古屋市港区寛政町3-41-1 | ☎ 052-661-3111 / FAX052-661-3112 |
| （公益財団法人）関西盲導犬協会 | 〒621-0027 京都府亀岡市曽我部町犬飼未ケ谷18-2 | ☎ 0771-24-0323 / FAX0771-25-1054 |
| （社会福祉法人）日本ライトハウス | 〒538-0042 大阪府大阪市鶴見区今津中2-4-37 | ☎ 06-6961-5521 / FAX06-6968-2059 |
| （社会福祉法人）兵庫盲導犬協会 | 〒651-2212 兵庫県神戸市西区押部谷町押部24 | ☎ 078-995-3481 / FAX078-995-3483 |
| （公益財団法人）九州盲導犬協会（事務局） | 〒819-1122 福岡県糸島市東702番地1 | ☎ 092-324-3169 / FAX092-324-3386 |
| （公益財団法人）日本補助犬協会 | 〒241-0811 神奈川県横浜市旭区矢指町1954-1 | ☎ 045-951-9221 / FAX045-951-9222 |
| （一般財団法人）いばらき盲導犬協会 | 〒312-0052 茨城県ひたちなか市大字東石川3610-10 | ☎とFAX 029-275-3122 |

# 全巻共通 さくいん

①②③ は巻数をあらわします

## あ

- アイメイト協会 ……… ①45 ③40
- いばらき盲導犬協会 ……… ①45 ③40
- 引退 ……… ①43 ③31
- 引退犬飼育ボランティア ……… ①43 ③31
- ＡＩスーツケース ……… ③43
- オルデンブルク ……… ③36
- 音声時計 ……… ③38

## か

- 介助犬 ……… ③17
- 拡大読書器 ……… ③38
- 関西盲導犬協会 ……… ①45 ③40
- 基本訓練 ……… ①30
- キャリアチェンジ犬 ……… ③13
- 九州盲導犬協会 ……… ①45 ③40
- 共同訓練 ……… ①34
- 首輪 ……… ①2 ③2
- 訓練センター ……… ①30,42,45 ③25
- ゴールデン・レトリーバー ……… ③11

## さ

- シーイング・アイ ……… ③36
- 塩屋賢一 ……… ③37
- 視覚障害 ……… ①4,5 ③4,5
- 視覚障害者 ……… ①4,5,15 ③4,5,34
- 視野 ……… ②4,25,27,35,45

## しゃ

- 遮光メガネ ……… ②25,27 ③38
- シャンプー ……… ③27
- 障害者差別解消法 ……… ③39,45
- 触手話 ……… ②32,33
- 身体障害者手帳 ……… ①4,45 ③4,34,45
- 身体障害者補助犬健康管理手帳 ……… ①3,44 ③3,44
- 身体障害者補助犬法 ……… ③17,18,45
- 全盲 ……… ②12,15 ③34,41,45

## た

- 単眼鏡 ……… ②13 ③38
- タンデム ……… ②39,41
- チャンピィ ……… ③37
- 中部盲導犬協会 ……… ①45 ③40
- 聴導犬 ……… ③17
- つめ切り ……… ③27
- 手書き文字 ……… ②33
- 点字 ……… ②18,19,20,28,32,45
- 点字ブロック ……… ②8,21,45
- 同行援護 ……… ①5,45 ③5,45
- 動物検疫 ……… ③18

## な

- 日本補助犬協会 ……… ①45 ③40
- 日本盲導犬協会 ……… ①45 ③37,40
- 日本ライトハウス ……… ①45 ③40

## は

- ハーネス ①2,3,8,9,33,37 ③2,3,8,9,11,26,28
- ハーネスバッグ ①3,31 ③3
- バーハンドル ①3 ③3
- ハインリッヒ・スターリン ③36
- 白杖（はくじょう）①5,45 ③5,39,45
- パピーウォーカー ①27,28,29,30,42 ③23,24
- パピーレクチャー ①29
- 歯（は）みがき ③27
- 繁殖犬（はんしょくけん）①24,26,43 ③23
- 繁殖犬飼育ボランティア（はんしょくけんしいく）①24,26,43 ③22
- Ｐ Ｒ犬（ピーアールけん）①43 ③13,45
- 東日本盲導犬協会（ひがしにほんもうどうけんきょうかい）①45 ③40
- 兵庫盲導犬協会（ひょうごもうどうけんきょうかい）①45 ③40
- ブラインドテニス ②11,12,45
- ブラッシング ③27
- 補助犬（ほじょけん）③39
- 北海道盲導犬協会（ほっかいどうもうどうけんきょうかい）①45 ③40
- ボド ③37

## ま

- 未熟児網膜症（みじゅくじもうまくしょう）②19,45
- 盲導犬育成団体（もうどうけんいくせいだんたい）①45 ③40
- 盲導犬訓練士（もうどうけんくんれんし）①32,40 ③25
- 盲導犬使用者証（もうどうけんしようしゃしょう）①3,44 ③3,44
- 盲導犬歩行指導員（もうどうけんほこうしどういん）①40
- 網膜色素変性症（もうまくしきそへんせいしょう）②4,5,6,25,27,39,41,45
- 網膜剥離（もうまくはくり）②19,45
- 盲ろう者（もうろうしゃ）②32

## や

- 夜盲（やもう）②4,5,25,27,39,45
- Ｕ字型ハンドル（ユーじがた）①3 ③3
- 誘導訓練（ゆうどうくんれん）①31
- 指点字（ゆびてんじ）②32

## ら

- ラブラドール・レトリーバー ①2 ③2,11,12,13,24
- リード ①3 ③3
- リタ ③37
- ロービジョン ②13 ③38

## わ

- ワン・ツー ①16 ③28

**監修** 公益財団法人日本盲導犬協会

1967年（昭和42年）8月10日設立の公益財団法人。「目の見えない人、目の見えにくい人が、行きたいときに、行きたい場所へ行くことができるように、安全で快適な盲導犬との歩行を提供する」ための活動を行っている。

子どものための動画サイト「にちもうジュニア」はこちら

**指導** 清水朋美（国立障害者リハビリテーションセンター病院 第二診療部長 眼科医）

| | |
|---|---|
| イラスト・まんが | 伊藤ハムスター |
| 装　丁 | 坂川朱音（朱猫堂） |
| 本文デザイン | 坂川朱音＋小木曽杏子（朱猫堂） |
| 写真・資料協力 | 公益財団法人日本盲導犬協会 |
| 写真加工 | だん広房（矢中） |
| 取材協力 | 藤本悠野 |

## 盲導犬大百科 ❶
### 盲導犬ってどんな犬？

| | |
|---|---|
| 発　行 | 2025年4月　第1刷 |
| 監　修 | 公益財団法人日本盲導犬協会 |
| 発行者 | 加藤裕樹 |
| 編　集 | 小原解子 |
| 発行所 | 株式会社ポプラ社 |
| | 〒141-8210 東京都品川区西五反田3-5-8 JR目黒MARCビル12階 |
| | ホームページ　www.poplar.co.jp（ポプラ社） |
| | 　　　　　　　kodomottolab.poplar.co.jp（こどもっとラボ） |
| 印刷・製本 | 中央精版印刷株式会社 |

© POPLAR Publishing Co.,LTD. 2025　Printed in Japan
ISBN978-4-591-18482-0　N.D.C.369　47P 27cm

落丁・乱丁本はお取替えいたします。
ホームページ（www.poplar.co.jp）のお問い合わせ一覧よりご連絡ください。
本書のコピー、スキャン、デジタル化等の無断複製は著作権法上での例外をのぞき禁じられています。本書を代行業者等の第三者に依頼してスキャンやデジタル化することは、たとえ個人や家庭内での利用であっても著作権法上認められておりません。
QRコードからアクセスできる動画は、館内や館外貸し出しともに視聴可能です。

P7263001

# 盲導犬大百科

## 全3巻

監修 公益財団法人日本盲導犬協会

---

## ❶ 盲導犬ってどんな犬?

盲導犬について知るためのガイド。盲導犬がなにをしてくれるのか、
どのようにして盲導犬が生まれるのかについて解説します。

### 第1章 盲導犬がしてくれること

曲がり角で止まる／段差で止まる／障害物を
よける／道のはしをまっすぐ歩くのを助ける／
指示された目標物をさがす

まんが 盲導犬とおでかけします!

### 第2章 盲導犬への道

生まれる／パピーウォーカーへ／
訓練センターへ／共同訓練／盲導犬として認定!

まんが いっしょに歩こう!

---

## ❷ 見えないわたしと盲導犬

盲導犬ユーザーの体験談。視覚障害がある方々が
どんな体験をし、毎日をどのように感じているのかを取材しました。

障害を持って出会いがふえました／見えにくさ、想像してみて／障害がある人のために働きたい／
いつも家族のまんなかに／見えなくても聞こえなくても話がしたい／ふたりと1頭、息はぴったりです

まんが うちのコ

---

## ❸ 教えて! 盲導犬Q&A

盲導犬についての疑問を43のQ&Aにまとめました。

盲導犬は行きたいところへ連れていってくれるの?／盲導犬になるのはどんな犬?／盲導犬に信号の
色はわかるの?／盲導犬はどこで生まれるの?／だれがどんな世話をしているの?／おやつはあげるの?

まんが うちのコ

---

小学校中学年から
A4変型判　各巻48ページ　オールカラー
N.D.C.369
図書館用特別堅牢製本図書

**ポプラ社はチャイルドラインを応援しています**

18さいまでの子どもがかけるでんわ
**チャイルドライン®**
**0120-99-7777**
毎日午後4時～午後9時 ※12/29〜1/3はお休み

電話代はかかりません 携帯(スマホ)OK

チャット相談は
こちらから